8° F pièce
4742

BARON DU ROURE DE PAULIN

Avocat à la Cour d'appel de Paris
Membre de l'Académie de Clermont-Ferrand
Chancelier de la Convention internationale d'héraldique
Secrétaire de la Société française des collectionneurs d'Ex-libris

Actes de catholicité

Actes d'état civil

H. DARAGON, LIBRAIRE-ÉDITEUR

96-98, rue Blanche, 96-98

PARIS (IXᵉ)

—

1913

ACTES DE CATHOLICITÉ

ACTES D'ÉTAT CIVIL

8 F Grece

4742

DU MÊME AUTEUR

Généalogie de la Famille de la Perrière. — Paris, 1904. In-8º.

Généalogie de la Famille du Saulzet. — Paris, 1905. In-8º.

Le Manteau dans l'Art Héraldique. — Paris, 1905. In-8º.

Le Château de Rochebaron. Généalogie de la famille de Giry. — Paris, 1906. In-8º.

Les Rois, Hérauts et Poursuivants d'Armes. — Paris, 1906. In-8º.

Les Privilèges en matière d'impôts sous l'Ancien Régime. — Paris, 1906. In-8º.

La Bête du Gévaudan dans les armoiries de la Famille Antoine. — Clermont-Ferrand, 1907. In-8º.

Quelques Ex-libris auvergnats. — Mâcon, 1907, in-8º.

L'Hermétisme dans l'Art Héraldique. En collaboration avec Félix Gadet de Gassicourt. — Paris, 1907. In-8º.

Le Juge d'armes de France et les Généalogistes des Ordres du Roi. — Paris, 1907. In-8º.

Les Ex-Libris Brunetta d'Usseaux. — Mâcon, 1907. In-8º.

Généalogies des Familles de Solleyzel, Jacquier et Grimod de Cornillon. — Paris, 1908. In-8º.

Des Tenants, Supports et Soutiens dans l'Art Héraldique. En collaboration avec Henri de la Perrière. — Rome, 1910. In-8º.

L'Héraldique Ecclésiastique. — Paris, 1911. In-4º.

Portraits de Jean Bart et de Philippe-François Bart. — Paris, 1911. In-8º.

Quelques reliures d'Almanachs. — Paris, 1911. In-8º.

La vie et les Œuvres d'Antoine d'Auvergne, dernier directeur de l'Opéra Royal (1713-1795). — Paris, 1911. In-8º.

Jacques-Charles Wiggisloff (1842-1912). — Paris, 1912. Pet. in-8º.

Baron du ROURE de PAULIN

Avocat à la Cour d'appel de Paris
Membre de l'Académie de Clermont-Ferrand
Chancelier de la Convention internationale d'héraldique
Secrétaire de la Société française des collectionneurs d'Ex-libris

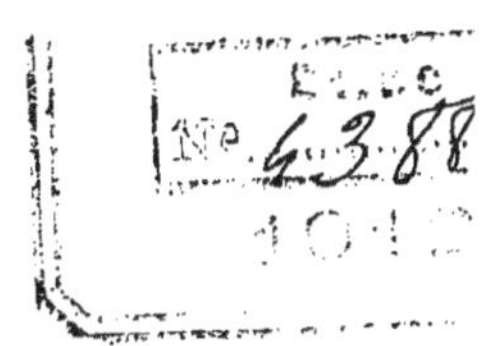

Actes de catholicité

Actes d'état civil

H. DARAGON, LIBRAIRE-ÉDITEUR

96-98, rue Blanche, 96-98

PARIS (IXᵉ)

—

1913

ACTES DE CATHOLICITÉ
ACTES D'ÉTAT CIVIL

———

IEN souvent à la barre de nos tribunaux, dans les articles d'histoire, dans les conversations, on entend parler de l'état civil du xviiiᵉ siècle, d'acte de naissance, de décès d'avant la Révolution. Certes les gens qui s'expriment ainsi savent que l'état civil ne date que de 1791 ; mais par une généralisation, trop fréquente hélas ! ils assimilent aux actes d'état civil actuels les actes de catholicité. Pourtant ces deux choses sont totalement dissemblables, car non seulement elles ne concourent pas au même but, mais elles n'étaient pas tenues de même façon. Une étude rapide de leur histoire propre nous montrera toute la différence de l'état civil et des registres de catholicité.

BIBLIOTHÈQUE R.F. IMPRIMÉS.

*
* *

Les faiseurs de manuel ont coutume de rapporter à l'ordonnance de Villers-Cotterets l'institution des actes de catholicité ; mais cette invention n'est pas sortie tout armée du

cerveau des rédacteurs de cette ordonnance, comme Minerve
de la tète de Jupiter, et l'ordonnance ne fit que rendre générale et obligatoire une coutume qui existait depuis de longues
années dans le clergé.

En effet les curés avaient été vite amenés, pour des raisons
pratiques, à conserver la mention des sacrements donnés par
eux. Il était nécessaire de savoir les parentés des gens pour
empêcher des mariages illicites, de connaître leur âge pour
ne pas permettre certains actes à des mineurs. D'un autre côté,
malgré la défense du concile de Bourges au clergé (canon XII,
1031) de demander de l'argent aux fidèles pour les sacrements
l'habitude s'était prise rapidement de donner des aumônes à
ces occasions. Pour ne point commettre d'erreurs dans la
perception de ces sommes, certains curés se mirent à tenir
des registres de comptes, des papiers de bonne mémoire. Dans
ces cahiers on trouve pêle-mêle tout l'argent versé à l'église
pour des bénédictions, des fiançailles, des sépultures. Les
noms et dates sont indiqués souvent de façon informe, la seule
chose important au rédacteur étant l'argent ; mais il y a là un
rudiment d'actes pouvant servir à l'état civil, à fixer une date.
Certains de ces cahiers sont d'une grande ancienneté, citons
ceux du curé de Givry, aujourd'hui en Saône-et-Loire (1335-
1350), d'Autun du 1er mai 1414, de la Madeleine de Châ-
teaudun en 1418, de Saint-Jean-en-Grève de 1515 et ceux de
quinze paroisses de Paris avant 1539.

Le plus ancien document que nous ayons sur cette matière
est le statut d'Henri le Barbu, évèque de Nantes, rappelant
aux curés de consigner les baptêmes sur des registres, d'y
mentionner les noms du parrain et de la marraine, de présenter ces registres chaque année aux visites de l'évêque ; il pré-
vient ses pasteurs que s'ils négligent de tenir les registres
prescrits et qu'il en résulte des mariages illicites, ils seront
punis.

L'autorité civile avait, elle aussi, besoin de savoir en certains cas si ses ressortissants avaient reçu des sacrements ou
de connaître leur âge. Le baptême était le sacrement initial
qui fait d'un homme un chrétien, un membre de l'Église uni-
verselle. C'est lui qui en fait un « ingénu », et en droit pur le
baptême est la seule condition pour parvenir à la plus haute

dignité civile du monde chrétien : à l'empire. Ainsi que l'écrit Loysel : « Toutes personnes sont franches en ce roiaume et si tost qu'un esclave a atteint les marches d'icelui, se faisant baptiser est affranchi. » C'est en vertu de ce principe que l'article 17 de l'Ordonnance de 1627, concernant le Canada, déclare : « Les sauvages qui seront amenés à la connoissance de la foi et en feront profession seront censés et réputés naturels français. » C'est pour ces raisons que le pouvoir royal voulut essayer de réglementer l'inscription des baptêmes et sépultures et d'en faciliter les preuves.

Lors des vacances des bénéfices, il y avait souvent des contestations au sujet de l'ouverture du bénéfice ; cette date avait une grande importance pour juger de la régularité de la nomination du successeur, et pour trancher les conflits fréquents entre le pouvoir temporel et spirituel. De là naquit en août 1539 l'ordonnance de Villers-Cotterets sur le fait de la justice.

« Article 50. Des sépultures des personnes tenant bénéfices, sera fait registre en forme de preuve, par les chapitres, collèges, monastères et cures, qui fera foi et pour la preuve du temps de la mort, duquel temps sera fait expresse mention esdits registres, et pour servir aux jugemens des procès où il serait question de prouver ledit temps de la mort, au moins quant à la recréance.

« Article 51. Aussi sera fait registres, en forme de preuve, des baptêmes, qui contiendront le temps et l'heure de la nativité et par l'extrait dudit registre, se pourra prouver le plein temps de majorité et fera pleine foi à cette fin. »

L'article 53 ordonne le visa par un notaire et l'article 54 le dépôt des registres au greffe. Le clergé n'était pas hostile à la création des actes de catholicité, ainsi que le prouve le canon du Concile de Trente de 1503 ordonnant la rédaction des actes de baptême et de mariage, mais il n'admettait pas l'immixion du pouvoir royal dans une matière qui lui paraissait purement religieuse ; aussi le dépôt dans les greffes ne fut pas effectué. En mai 1579, l'ordonnance de Blois sur la police générale du royaume ordonna :

« Article 181. Pour éviter les preuves par témoins, que l'on est souvent contraint de faire en justice, touchant les naissances, mariages, morts et enterremens de personnes : enjoignons à nos greffiers de poursuivre par chacun an, tous curés ou leurs vicaires du ressort de leurs sièges, dedans deux mois après la fin de chaque année, les registres des baptemes, mariages et sépultures faits en icelle année... à faute de ce faire... contrains par saisie de leur temporel d'y faire et obéir, et seront tenus lesdits greffiers de garder soigneusement lesdits registres pour y avoir recours et en délivrer extrait aux parties qui le requerront.

« ...Article 40. Pour obvier aux abus et inconvéniens qui adviennent des mariages clandestins... pour témoigner de la forme... y assisteront quatre personnes dignes de foi, pour le moins, dont sera fait registre, etc... »

A partir de 1539 on peut dire que la lutte est engagée entre l'autorité civile et l'autorité religieuse. Les législateurs se rendant compte de l'immense utilité des registres de catholicité font tout pour les mettre sous leur surveillance et les faire tenir correctement. Au contraire le clergé qui les considère comme lui appartenant, destinés à lui et non à constater l'état des particuliers, s'oppose aux empiétements du pouvoir civil et n'exécute pas les lois. Pour vaincre cette mauvaise volonté les ordonnances se succèdent. C'est d'abord celle de 1629, puis la plus importante, l'ordonnance d'avril 1667, article 8 : « Les preuves de l'âge, du mariage et du temps de décès seront reçues par des registres en bonne forme qui feront foi et preuve en justice. » Par l'article 18 on établit la publicité de ces registres, autorisant tous les gens qui en auraient besoin à les consulter entre les mains des dépositaires et à s'en faire délivrer des extraits.

Cette ordonnance fut si mal exécutée que S. M. Louis XIV dut revenir sur ce sujet, il ordonna la tenue des registres en double exemplaire, paraphés par le juge royal, et le dépôt de l'un d'eux au greffe. Puis voyant l'inutilité de ses efforts il commanda en 1691 le dépôt des grosses en des greffes spéciaux. Pour mieux assurer ce dépôt on créa des contrôleurs spéciaux en 1705 ; mais en 1716, devant le piètre résultat obtenu, on dut les supprimer.

La lutte reprit avec la déclaration du 9 avril 1736 qui est le texte le plus important en cette matière.

L'article 1er ordonne de tenir deux registres pour les baptêmes, mariages, décès.

Article 2. « Les deûx registres seront cotés par premier et paraphés sur chaque feuillet, le tout sans frais, par le lieutenant-général ou autre premier officier du baillage. »

Article 17. « Dans les six semaines au plus tard après l'expiration de chaque année, les curés, vicaires, desservants, chapitres, supérieurs de communauté ou administrateurs des hôpitaux [1], seront tenus de porter ou envoyer sûrement un des deux registres au greffe du baillage, sénéchaussée ou siège royal. »

Cette fois le résultat fut meilleur, le dépôt s'effectua en grande partie, et dans la plupart des greffes on trouve les actes de catholicité depuis cette date. Néanmoins il y eut encore des résistances très fortes. Le 18 avril 1742, d'Aguesseau dut prescrire aux procureurs-généraux de surveiller très particulièrement l'exécution de l'ordonnance. Le 9 août 1773, le procureur-général de Grenoble se plaint qu'elle n'est pas suivie et sur sa plainte on la fait de nouveau imprimer et afficher. En 1775 le Châtelet de Paris défend sous peines sévères aux ecclésiastiques de la négliger. En 1782 le Roi en renouvelle certaines parties, mais le but général est atteint et jusqu'à la fin de l'Ancien Régime l'ordonnance de 1736 reste le statut des actes de catholicité.

*
* *

Vers la fin du xviii⁰ siècle le Roi, considérant que les actes de catholicité ne pouvaient naturellement servir que pour les catholiques, eut la première idée d'organiser un état civil en autorisant les non-catholiques à se présenter devant un officier royal pour faire constater les naissances, mariages et décès.

Dès le commencement de la Révolution, après la constitution civile du clergé, on reprit cette idée et la Constitution du 3 septembre 1791 ordonna d'établir pour tous les habitants, sans distinction, un mode purement civil de constater les naissances, mariages et décès.

L'Assemblée législative organisa ce principe par décret du

1. Remarquons le grand nombre de personnes appelées à tenir des registres de catholicité, ce sont tous ceux qui possèdent ou régissent une église où les sacrements de baptême, de mariage, peuvent être donnés, ou bien où l'on peut enterrer.

20-25 septembre 1792, ordonnant d'avoir dans chaque municipalité, trois registres tenus en double [1] pour constater, l'un les naissances, l'autre les mariages, le troisième les décès (art. 1). Ces registres devaient être tenus par un ou plusieurs officiers de l'état civil élus par les municipalités (art. 2). Les corps administratifs étaient spécialement chargés de surveiller les municipalités dans ces nouvelles fonctions (art. 6). A la fin de l'année trois registres devaient être déposés et conservés aux archives des directoires du département (art. 12), les trois autres aux archives des municipalités (art. 13) [2].

La loi du 28 pluviôse an VIII modifiant l'article 2, confia la rédaction des registres aux maires et adjoints (art. 13).

La loi du 7 vendémiaire an X confirma et régla les détails d'exécution. Et enfin le titre II du livre I du Code civil : *Des actes de l'État civil* fut décrété le 20 ventôse an XI et promulgué le 30 ventôse (11-21 mars 1803). Depuis cette époque, des modifications sont intervenues, mais la base de l'organisation n'a pas changé.

*
* *

Maintenant que nous avons vu l'histoire des actes de catholicité, voyons comme ils étaient tenus.

Le clergé considérait ces actes comme lui appartenant, il était donc libre d'en faire ce qu'il voulait et s'il consentait à les communiquer aux particuliers, il ne s'y jugeait pas forcé et estimait que c'était une grande complaisance de sa part, un bon office qu'il était libre de rendre ou non. Comme seule l'impartition des sacrements touchait les ecclésiastiques, ils ne s'occupaient que de cela dans leurs actes. Ainsi on voit une grande partie des registres de baptême rangés par prénoms. Dans certains actes les curés énonçaient des choses désobligeantes sur la légitimité [3] des baptisés ou sur leurs parents.

---

1. L'article 40 du Code civil permet aux municipalités de tenir un ou plusieurs registres ; cela dépend de l'importance de la population.

2. Le Code civil modifia ces dispositions, c'est le président du Tribunal de première instance qui paraphe les registres (art. 41), ils sont déposés au greffe du tribunal de première instance (art. 42). C'est le procureur qui est tenu de vérifier l'état des registres (art. 53).

3. Dans les registres paroissiaux de Montagnac-sur-Lède (Tarn-et-

Ainsi dans des actes concernant des membres de la Religion prétendue reformée on lit souvent cette formule : « fils illégitime et de l'infamie ou du libertinage ». Certains ecclésiastiques consignent leurs réflexions sur leurs registres de catholicité. Citons : « La Villette, 30 juin 1644 : « J'ai célébré un service pour le repos de l'âme de François Caignet mon bon ami, lequel a légué plusieurs choses pour mon église. *Signé* : Cottereau, curé et ami. » Son successeur note le 21 décembre 1675 : « A été enterré Jean Tessier, laboureur, homme très doux et très paisible et fort respectueux et déférent envers ses pasteurs. »

Louis XVI dut leur ordonner [1], par déclaration du 20 juillet 1787, de n'insérer dans les actes que ce qui leur était déclaré [2].

Pour les enterrements on voit des rédacteurs ne s'occuper que de la cérémonie qu'ils ont faite et négliger absolument le nom du défunt ou le mettre fort mal et d'une façon très incomplète. Ainsi nous relevons les mentions suivantes : « Enterrements de Saint-Paul à Paris : janvier 1627. Convoi d'un homme de la rue des Tournelles ; *Idem* 8 février 1640, convoi d'une femme décédée à Pic-Pus.

« Saint-Eustache, 4 juin 1657, convoi d'un domestique ; *idem* J'ai inhumé l'enfant de M. M.

Garonne) on trouve cette formule pour des enfants illégitimes déclarés : « fils illégitime de Noble X et de Dlle Y vivant ensemble dans leur repaire sans avoir reçu la bénédiction de Dieu ».

1. Disposition conservée par l'art. 35 du Code civil : « Les officiers de l'état civil ne pourront rien insérer dans les actes qu'ils recevront, soit par notes, soit par énonciation quelconque que ce qui doit être déclaré par les comparants. »

2. L'article 58 du Code civil ordonne à : « Toute personne qui aura trouvé un enfant nouveau-né..... de déclarer toutes les circonstances du temps ou du lieu où il aura été trouvé ». Cette disposition a été inspirée par les actes de catholicité qui devaient contenir ces mêmes mentions. Par exemple dans le registre des baptêmes de Pleine-Fougères (Ile-et-Vilaine), en 1634 on relève sur l'acte de baptême d'un enfant trouvé que : « Cette fille fut trouvée sous le balai de l'église enveloppée dans de petits drapelets avec du sel, sans que rien ne puisse faire deviner d'où elle vient ».

Dans ce registre existe encore l'acte de baptême suivant : « Enfant avoué par la sage femme après beaucoup d'importunités de notre part être d'un père qui a des vaches dans son étable et du blé noir dans son cellier ». Avec des renseignements si vagues, la recherche de la paternité aurait été vraiment difficile !

« Saint-Germain-le-Viel, 13 août 1637, Céans fut apporté de Saint-Germain-l'Auxerrois le corps de Madame Langlois.

« Marcillac-Lanville (Charente) : 25 septembre 1632, la fille de défunt Jehan Bonnier ; *idem*, 27 septembre la fame du dict Bonnier ; *idem*, le fils de la fille de Guillaume Clemenceau ; *idem*, 6 novembre, le serviteur de Jacques Madauld ; *idem*, 8 novembre, le cappelier de Marcillac ; *idem*, 11 novembre, la belle-mère de Jehan Renou ; *idem*, 22 novembre, la nièce de défunt Jean Moreau ; *idem*, 19 décembre, le gendre de Lambert Faure, etc. »

Nous pourrions multiplier ces exemples à l'infini, mais ils suffisent pour montrer le peu de soin que prenaient les rédacteurs pour rédiger correctement les actes.

D'autres ecclésiastiques transformant leurs registres en journal, y notent les menus incidents de leur vie. Ainsi le curé de Saint-Paul à Paris, dans le registre des baptêmes, donne aux 31 décembre 1629, 1, 2, 3, 4 janvier 1630 la liste des étrennes qu'il a reçues. Mais voici mieux : sur le registre des inhumations de Saint-Paul, à la suite d'un acte de sépulture du 16 octobre 1631, on lit : « M. de Saint-Paul me commanda d'aller dîner avec lui, où de sa grâce je fis bonne chère : *Vivat ad multos annos.* » Et le lendemain : « Je pris un lavement pour apaiser un colique. »

Enfin, comme le dit le vicomte de Massougnes des Fontaines, certains prêtres ont transformé leurs registres en une sorte de *mémorial*, y notant par exemple les morts, naissances et mariages d'hommes illustres absolument étrangers à la paroisse, les événements importants, les faits divers de chronique locale.

Dans le registre V de Marcillac-Lanville [1] tenu par le frère Hugues Joubert de 1619 à 1642, le vicomte de Massougnes des Fontaines a relevé soixante-treize mentions particulièrement saillantes dans cet ordre d'idées. Citons d'après lui :

« 10 décembre 1619 : a esté fondue la grosse cloche ; 11 janvier 1620 monsieur le baron d'Estissac estant avec luy mosieu l'abbé de Lareau et plusieurs gentilshommes vinrent dîner à

1. *Le mémorial de Marcillac-Lanville, notes historiques et faits divers.* Angoulême, 1906, in-8°.

Lanville ; 28 janvier 1621 est mort le pape Pol 5 ; 17 avril 1627 mestre Baptiste Joubert, de Marcillac, a été reçu juge de Lanville ; 8 mai 1627 les Englois ont esté chacés de l'ile de Ré ; au moi de mai 1631 le boiseau de froment s'est vendu onze livres et la méture sept livres dix solz ; 13 mai 1633 est né un filz de M^r de La Rochefoucost qu'on appelle M^r le baron de Montignac ; 29 mai 1634 ma quevalle a leu unz poulain ; 5 septembre 1638 est né le Dofin de France. »

De même Jean Roux nommé curé de la Balme en 1759, parsème tous les registres de catholicité de remarques d'histoires jusqu'en 1790[1]. Par exemple : «

1768. J'ai fait bâtir la grande écurie à mes frais.

1773. Destruction des Jésuites, etc...

1774. M. de Boulieu est mort à Lyon le 2 septembre il avait son frère chevalier de Saint-Louis et aussi diable que lui et ennemis tous les deux des gens d'église, et surtout de leurs curés. Ah que ce seigneur est bien dans l'autre monde et pour son repos et pour le mien !

1777. Louis XVI démolit toutes les confréries des corps de métiers, etc. M. de Votere, auteur de ce siècle, demeure dans le château qu'il a fait superbement bâtir à Ferney, etc.

1789. L'assemblée des Etats généraux a commencé à Versailles le 5 mai, etc.

1791. Nous tous qui vivons nous ne pouvons concevoir comment l'Assemblée a pu changer tout l'Ancien Régime. »

Le curé Roux est le plus prolixe que nous connaissions, il écrit des vers, recopie des manifestes (lettre du Roi aux Etats-Généraux), fait des réflexions philosophiques, en un mot couvre des pages entières de sa prose.

On voit que le synode de Paris du 12 avril 1627 avait eut raison d'ordonner aux prêtres et particuliers d'avoir grand soin de tenir leurs registres sans addition, sans blanc, sans rature ni recharge et de signer les actes. Le Parlement de Paris renouvela, sans succès, ces recommandations le 8 février 1663, à peine de 2000 livres d'amende.

---

1. *Journal d'un curé de campagne, 1768-1791*, par Marius Riollet, in *Revue d'histoire de Lyon*, juillet-août 1911.

Si à la veille de la Révolution nous examinons quelques registres de catholicité nous trouvons les chiffres suivants :
Aubervilliers 1787 sur 147 actes, 29 de fautifs.
Boulogne 1786 sur 261 actes, 20 de fautifs.
La Villette 1786 sur 50 actes, 9 de fautifs.
Pantin 1786 sur 159 actes, 26 de fautifs.
Pantin 1788 sur 69 actes, 11 de fautifs.

Les rectifications des actes de catholicité se faisaient par l'autorité ecclésiastique. Citons par exemple une ordonnance de l'archevêque de Paris du 9 mai 1672 rapportée en marge d'un acte de baptême du 3 décembre 1658 de Saint-Gervais ordonnant de déclarer le baptisé fils de François Perruchet au lieu de Charles Perruchet.

*
* *

A quoi servaient les actes que nous venons d'étudier ? Uniquement à prouver que certains sacrements avaient été donnés. L'acte de baptême servait à montrer que l'on était chrétien et non pas que l'on était fils d'un tel. L'acte de mariage, que l'on était marié chrétiennement et non que l'on était marié, preuve qui était fournie par le *contrat de mariage* qui seul faisait foi en justice. Ce n'était qu'exceptionnellement qu'on demandait une preuve tirée des actes de catholicité, et on voit souvent dans les procès du XVIIe siècle que quand le tribunal a besoin d'un acte il ne s'en fait pas délivrer un extrait, mais il fait copier une ou plusieurs années (nous avons vu des copies de dix années) des registres à l'époque où se trouve l'acte demandé.

Enfin, fait capital à noter, pour *toutes* les preuves de noblesse et de filiation, que l'on faisait sous l'Ancien Régime, on ne demandait *jamais* d'acte de catholicité, sauf l'extrait baptistaire de l'impétrant pour prouver sa religion. Par exemple les preuves pour les ordres du Roi devaient être faites par contrats, partages, transactions, hommages, aveux, testaments. etc. (Articles 19, 21, 23 des statuts).

Dans le *Mémoire de ce qu'il faut faire pour être reçu page de la Grande Écurie* on demande : l'extrait baptistaire légalisé avec les *contrats de mariage* des Père, Ayeuls, Bisayeuls,

Trisayeuls et 4ᵉ Ayeul et même 5ᵉ Ayeul si le quatrième ne vivait pas en 1550.

De même pour les recherches des faux nobles on ordonna aux notaires et officiers royaux de signaler aux commissaires députés tous les gens qui auraient pris la qualification d'*écuyer* dans un acte public. Aucun ordre semblable ne fut donné aux prêtres et nulle poursuite ne fut exercée contre les gens qui se revêtirent de noble parure dans des actes de catholicité. Et devant les commissaires les preuves de filiation furent toutes faites sur contrats, partages, testaments ; dans aucune on ne voit intervenir d'actes de catholicité. C'est que ces actes, qu'on nous pardonne cette vérité de la Palisse, n'étaient pas des actes d'état civil et ne faisaient point foi au point de vue des filiations.

Aujourd'hui nos actes d'état civil sont au premier chef des actes de filiation, alors tout naturellement nous sommes portés à attribuer le même rôle et la même valeur aux actes de catholicité. Pour les questions de noms par exemple, de nos jours les officiers d'état civil surveillés par le Parquet font grande attention à la rédaction des actes et refusent d'insérer titres ou noms que l'on n'aurait pas le droit de porter[1]. Au contraire les notaires choisis par le client doivent se conformer aux ordres qu'il leur donne et lui confèrent toutes qualifications qu'il désire prendre. D'où pour les tribunaux tendance marquée à dédaigner les pièces notariales et à croire aveuglément aux mentions de l'état civil. Alors quand on leur présente des actes de catholicité et des minutes notariales du xviiiᵉ siècle ils jugent de la même manière. Pourtant à cette époque la proposition est renversée ; les actes de catholicité pouvaient contenir toutes les mentions qu'il plaisait à leur rédacteur d'y mettre car il était irresponsable et ces mentions n'avaient *aucune valeur*. Au contraire les notaires royaux surveillés par l'autorité risquaient de fortes amendes (de 2000 à

---

1. Qu'on veuille bien ne pas exagérer notre thèse et nous faire dire que tous les actes d'état civil sont merveilleusement tenus ! Même dans les très grandes villes on voit des erreurs extrêmement grossières. De même certaines personnes sont arrivées à glisser par fraude dans l'état civil des noms et qualifications auxquels elles n'avaient aucun droit.

6000 l.) s'ils donnaient à un homme des qualifications auxquelles il n'eût pas droit.

C'est pourquoi il arrive à nos tribunaux de rendre des jugements bizarres et incompréhensibles en matière de noms. Par exemple M. *Primus* demandait au tribunal de reprendre le nom de *Alius* que ses aïeux avaient porté de 1650 à la Révolution ; pour prouver ses dires il présentait trois contrats de mariage et deux testaments ; il fut débouté, le Tribunal considérant que deux des aïeux de M. *Primus* qualifiés de seigneurs de *Alius* en leurs contrats de mariage n'avaient pas ce nom sur leurs actes de baptême et de sépulture.

Un sieur *Secundus*, descendant d'un bourgeois qui avait acheté en 1750 la baronnie de *Nullius*, demanda ce nom au Tribunal. Il présenta l'acte de décès du *Secundus* qui avait acheté la baronnie ; il y était qualifié par son curé de *baron de Nullius*, en 1753 ; l'acte de mariage du fils de 1752 et son acte de décès de 1788 portaient ces mêmes titres, et ainsi que l'acte de baptême du petit-fils de 1756. Le Tribunal considérant que ce nom avait été porté trois générations accorda la requête du sieur *Secundus*. Or les actes notariés de 1750 à 1789 portent toujours *Secundus* bourgeois de X..., seigneur de la baronnie de *Nullius*. Et jusqu'en 1790 les Secundus payèrent la taille et le droit de franc-fief. Par la grâce du préjugé de l'état civil M. *Secundus* est devenu légalement *de Nullius*. Il s'est empressé de prendre les armes de la famille de *Nullius*, une des plus vieilles de sa province et le titre de baron. Et voilà comment, le Tribunal a créé une famille noble ! Ces deux exemples montrent combien il faut faire attention, combien il faut étudier avec soin les institutions de l'Ancien Régime si l'on veut faire de l'histoire et de la généalogie avec fruit

MACON, PROTAT FRÈRES, IMPRIMEURS.

www.ingramcontent.com/pod-product-compliance
Lightning Source LLC
Chambersburg PA
CBHW061154050726
47594CB00008B/3410